Beast Quest

LE ROYAUME DES OMBRES

L'HOMME-TAUREAU

Cet ouvrage a initialement paru en langue anglaise en 2008
chez Orchard Books sous le titre :
Torgor the Minotaur

Mise en page et colorisation : Julie Simoens.

Hachette Livre, 43, quai de Grenelle, 75015 Paris.

Adam Blade

Adapté de l'anglais
par Blandine Longre

L'HOMME-TAUREAU

hachette
JEUNESSE

Le Puits
Les Portes
de la ville
Château
de Malvel
La Ville de l'Ouest
La Rivière
Porte
du Lion
Les
Marécages

Gorgonia
Campement rebelle de Kaloom
a Forêt
mpénétrable
La Forêt Tropicale
Les Grandes Vallées
Le Château en ruine
L'Océan Noir

TOM

Au royaume d'Avantia, Tom est un héros : il a déjà rempli deux missions que lui avaient confiées le sorcier Aduro et le roi Hugo. Il a même vaincu les Bêtes maléfiques de Malvel. Il ne se décourage jamais face au danger ! Avec l'aide de son amie Elena, il a retrouvé l'armure magique d'Avantia : il possède désormais des pouvoirs pour remporter d'autres combats, et sauver le royaume !

ELENA

Elena, une jeune orpheline, est devenue la meilleure amie de Tom. Elle le suit dans toutes ses aventures et l'aide à surmonter de nombreux obstacles. Elle a souvent de bonnes idées, surtout lorsqu'ils sont en danger. Aussi courageuse que Tom, elle se montre vraiment douée au tir à l'arc, ce qui est parfois très utile ! Elle ne se sépare jamais de son fidèle compagnon, Silver, un loup qu'elle adore.

ADURO

Aduro, le bon sorcier à la longue barbe blanche, vit au palais du roi Hugo, à Avantia. Il compte beaucoup sur Tom et Elena pour sauver le royaume, car il sait qu'ils sont très courageux. Gentil, généreux et sage, il se sert de ses pouvoirs magiques pour guider Tom dans ses missions, et il lui donne souvent d'excellents conseils pour affronter son ennemi juré, Malvel.

MALVEL

Malvel est un puissant sorcier qui règne sur le royaume des Ombres, Gorgonia. Il terrifie les habitants de son royaume. Son seul but est de détruire Avantia, en se servant de Bêtes maléfiques qu'il a créées et qui lui obéissent aveuglément. Il se moque souvent de Tom pour essayer de le décourager… et quand le garçon se montre plus fort que lui, il devient fou de rage !

Bonjour. Je suis Kerlo, le gardien des Portes qui séparent Avantia et Gorgonia. Malvel, le sorcier maléfique, règne sur le royaume des Ombres, où le ciel est toujours rouge et l'eau noire.

C'est ici que Tom et Elena doivent poursuivre leur quête...

Six Bêtes vivent à Gorgonia : Torgor l'homme-taureau, Skor le cheval ailé, Narga le serpent marin, Kaymon le chien des Ténèbres, Tusk le Seigneur des éléphants et Sting l'homme-scorpion. Elles sont toutes plus terribles les unes que les autres. Tom et Elena ne se doutent pas de ce qui les attend... Même s'ils ont rempli leurs précédentes missions, ça ne signifie pas qu'ils réussiront celle-ci. S'ils ne sont pas assez braves et déterminés, ils échoueront !

Si tu oses suivre une nouvelle fois les aventures de Tom, je te conseille d'être aussi courageux que lui...

Fais très attention à toi...

Kerlo

Avantia est de nouveau en danger ! Tom et Elena ont réussi à vaincre six Bêtes maléfiques et à récupérer les morceaux de l'armure magique volée par le sorcier Malvel. Mais leur ami Aduro est toujours prisonnier. Dans l'espoir de le délivrer, Tom et Elena franchissent la Porte du Lion... Ils ne savent pas encore qu'une nouvelle quête les attend à Gorgonia, le royaume des Ombres. Il leur faudra d'abord sauver Tagus, l'homme-cheval, du terrible Torgor.

Parviendront-ils à surmonter ces nouvelles épreuves et à sauver le royaume ?

TOUT COMMENCE...

Hector, le cœur battant, court à travers la forêt. Il a passé trop de temps à jouer près de la rivière, sans réaliser que la nuit était tombée. Dans le ciel rouge, la lune violette semble menaçante. Entre les arbres, le garçon croit voir des ombres.

Il s'arrête dans une clairière pour reprendre son souffle. Soudain, il entend un bruit... Il se cache derrière un arbre.

Il aperçoit deux hommes qui rampent sur le sol en jetant des regards affolés autour d'eux. Hector reconnaît les talismans d'argent qu'ils ont autour du cou : ce sont ceux que portent les rebelles de Gorgonia, qui essaient de lutter contre Malvel.

Ils se réfugient derrière des buissons. « Pourquoi est-ce qu'ils se cachent ? se demande Hector. Quelqu'un les poursuit ? »

Tout à coup, le sol se met à vibrer sous ses pieds. Le garçon lève les yeux et voit une immense silhouette se diriger vers lui, une énorme hache à la main.

Hector est paralysé par la peur.

Il laisse échapper un sanglot de terreur. Il n'a jamais vu cette créature avant, mais il sait qui elle est : c'est Torgor, l'homme-taureau ! Il s'agit de l'une des six Bêtes maléfiques de Gorgonia, aux ordres de Malvel.

L'homme-taureau est aussi grand que les arbres et son corps musclé est recouvert de fourrure noire. Deux impressionnantes cornes recourbées surmontent son crâne.

Le monstre baisse les yeux et voit Hector…

— Ne me fais pas de mal, supplie le garçon.

La Bête pousse un grognement terrifiant, puis brandit sa hache au-dessus de la tête d'Hector.

— Attends ! s'écrie le garçon. C'est eux que tu cherches ! ajoute-t-il en indiquant d'une main tremblante le buisson où sont cachés les deux rebelles. Regarde !

Torgor traverse la clairière et, d'un coup de hache, arrache les buissons. Les

deux hommes s'enfuient en poussant un hurlement de terreur. L'homme-taureau se met à courir derrière eux en rugissant.

Hector s'effondre sur le sol. Il attend que le bruit des pas de la Bête s'éloigne. Puis, mal assuré sur ses jambes, il finit par se relever et reprend le chemin de sa maison. Il a honte, car il sait qu'il a condamné les deux rebelles. Mais c'était le seul moyen de s'en sortir...

— Je suis encore en vie, murmure-t-il.

Chapitre un

La Porte du Lion

Tom et Elena sont à Avantia, devant la Porte qui est apparue dans le lac, après leur combat contre Trillion, le lion à trois têtes. Ils avancent lentement. Tom tient Tempête, son cheval, par la bride et Elena marche près de lui avec Silver, son loup.

Tempête est très agité : il se dresse sur ses pattes arrière.

— Doucement, murmure Tom en lui tapotant l'encolure.

Silver lève le museau et pousse un petit gémissement.

— Malvel n'est pas loin, j'en suis sûr, dit le garçon en serrant les dents. Il faut qu'on y aille !

— Tu as raison, Tom, répond son amie d'une voix calme. On doit délivrer Aduro.

Dès qu'ils franchissent la Porte, un éclair de lumière blanche les aveugle et traverse leurs corps. Tom trébuche et se retient à son cheval pour ne pas tomber. Il entend Elena pousser un cri de frayeur.

Quand il rouvre les yeux, il découvre un paysage sinistre qui s'étend à perte de vue. Des arbres secs et quelques plantes à moitié mortes sortent du sol. Des nuages gris tourbillonnent dans un ciel rouge. Au loin, Tom aperçoit aussi des marécages : d'énormes bulles éclatent à la surface de l'eau sale et laissent échapper une odeur insupportable.

— Beurk ! s'exclame Elena. Ça sent vraiment très mauvais ! Est-ce que Malvel a ensorcelé cet endroit ?

Tom frissonne. L'air est froid et humide.

— Où est-ce qu'on est ? demande la jeune fille.

— Dans le royaume de Gorgonia, répond une voix derrière eux.

Les deux amis font volte-face. Une haute silhouette

se dresse devant eux, vêtue d'une longue robe. Tom dégaine son épée et Elena encoche une flèche à son arc.

Appuyé sur un bâton, l'inconnu les observe. Il est chauve et l'un de ses yeux est recouvert d'un bandeau.

— N'approchez pas ! lance Tom en serrant le pommeau de son épée. Qui êtes-vous ?

L'homme lui sourit.

— N'ayez pas peur de moi, répond-il en les saluant. Je m'appelle Kerlo. Je suis le gardien des Portes de Gorgonia.

— Est-ce que vous êtes un serviteur de Malvel ? demande le garçon.

— Non. Je ne sers aucun sorcier.

— Est-ce que Malvel vit ici ? l'interroge Tom.

Kerlo rit doucement.

— Tu cherches Malvel ? Toi et ton amie, repartez à Avantia avant qu'il ne soit trop tard !

— On est venus délivrer le sorcier Aduro, explique le garçon.

— Et on ne repartira pas sans lui ! ajoute Elena sur un ton de défi.

— Si vous insistez..., dit Kerlo en indiquant les marécages. Voici la route à suivre...

Soudain, des ombres se mettent à tourbillonner autour de lui, et il disparaît !

Chapitre deux

Une nouvelle quête

— Tu crois qu'on peut lui faire confiance ? demande Elena à son ami.

— Je ne sais pas, mais on doit absolument retrouver Aduro. Tu es prête ?

— Oui, plus que jamais ! déclare la jeune fille. Même si ça ne va pas être facile...

— N'oublie pas que je porte l'armure magique. Ses pouvoirs nous aideront à affronter Malvel.

Au même moment, une lumière bleutée s'élève du sol et enveloppe Tom.

— Qu'est-ce qui m'arrive ? s'écrie-t-il.

L'armure se met à vibrer et les différents morceaux qui la composent se détachent de son corps.

Elena se précipite vers son ami, mais la lumière bleue se transforme en flamme et l'oblige à reculer.

— N'approche pas ! hurle Tom.

Soudain, la lumière se dissipe... L'armure a disparu ! Le garçon n'a plus que son épée et son bouclier.

— J'ai perdu l'armure magique..., gémit-il, désespéré. Comment est-ce qu'on va s'en sortir ?

Tout à coup, l'air tourbillonne et une silhouette apparaît devant eux... Tom, croyant qu'il s'agit de Malvel, brandit son épée. Mais ce n'est pas le sorcier maléfique...

— Aduro ! s'exclame le garçon en s'élançant vers le bon sorcier.

— Attention, Tom, l'avertit Elena en le retenant par le bras, c'est peut-être un piège.

— Aduro ? C'est vous ? demande le garçon.

Le sorcier lui sourit en lui tendant la main.

— Oui, c'est moi.

Elena pousse un cri de joie et se jette dans les bras du sorcier.

— Comment est-ce que vous vous êtes échappé ? l'interroge le garçon.

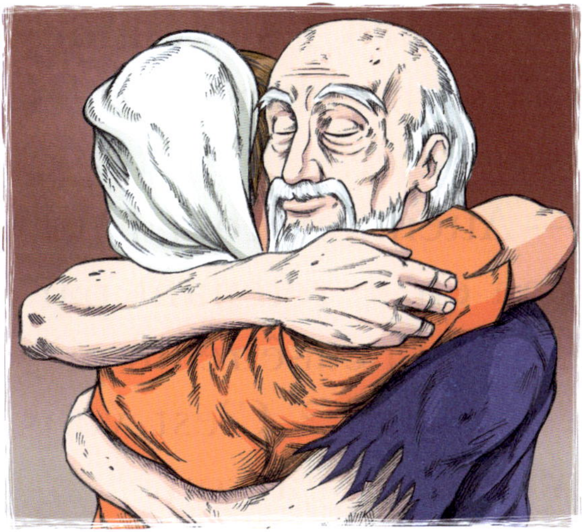

— C'est vous qui m'avez délivré, en retrouvant les six morceaux de l'armure, explique Aduro. Vous m'avez donné la force de m'enfuir.

— Mais... l'armure a disparu, avoue Tom.

— Ne t'inquiète pas, répond le sorcier. L'armure est revenue au château du roi Hugo, à Avantia. Mais tu n'as pas perdu tes pouvoirs, ils feront toujours partie de toi.

Tom meurt d'envie de lui poser d'autres questions, mais Aduro continue :

— Je n'ai pas beaucoup de temps à vous accorder... Vous avez eu le courage de franchir la Porte du Lion et je sais que vous êtes assez forts pour réussir une nouvelle mission.

Tom, tout excité, comprend que d'autres aventures les attendent.

— Une nouvelle quête ? demande Elena.

— Il faut détruire six autres Bêtes, explique Aduro, avant que Malvel les envoie à Avantia.

— Tant que je serai en vie, je ferai de mon mieux pour défendre Avantia ! déclare le garçon.

— Mais cette fois, ajoute le sorcier, je ne pourrai pas vous aider. Mes pouvoirs diminuent quand je suis à

Gorgonia, je dois rentrer au château, à Avantia. Je penserai à vous !

Il lève une main pour les saluer, puis franchit la Porte du Lion dans un tourbillon de lumière blanche.

Elena contemple le paysage désolé qui s'étend devant eux.

— Comment est-ce qu'on va retrouver ces Bêtes ?

— Kerlo nous a conseillé de partir vers les marécages, répond Tom. Je vais consulter ma boussole magique.

L'aiguille de la boussole oscille un moment, puis pointe en direction des marécages en s'arrêtant sur le mot : « *Destinée* ».

— Allons-y ! lance Elena.

Chapitre trois

Le plan de Malvel

Tom et Elena s'approchent des marécages avec prudence, car le sol n'est pas très ferme. Le garçon cherche un repère. Il est soulagé d'apercevoir des maisons au loin.

— Même sans le casque doré, j'arrive à voir sur de longues distances ! s'exclame-t-il. On dirait un village...

— Allons dans cette direction, propose Elena.

Tom grimpe sur le dos de Tempête et son amie monte derrière lui tandis que Silver avance à côté d'eux. Le garçon guide son cheval entre les mares boueuses.

Soudain, un rugissement retentit derrière eux !

Ils se retournent : une lumière blanche est apparue devant la Porte du Lion. Une seconde plus tard, ils aperçoivent une silhouette qui se précipite vers eux...

C'est Tagus, l'homme-cheval ! Il les avait aidés à combattre le lion à trois têtes. Est-ce qu'il a rejoint ses amis pour leur venir en aide ?

— Il a dû nous suivre ! s'étonne Elena. Mais... pourquoi est-ce qu'il galope aussi vite ?

Tom descend de Tempête et court vers Tagus en agitant les bras.

— Non ! Arrête ! hurle-t-il.

On dirait qu'une force invisible oblige l'homme-cheval à traverser les marécages.

— Je vais l'intercepter ! s'écrie le garçon.

En arrivant devant Tom, Tagus se dresse sur ses pattes arrière, mais il continue d'avancer malgré lui. Ses sabots avant manquent de justesse la tête de Tom !

Le garçon bondit sur le côté et essaie d'attraper un des bras de l'homme-cheval, qui se dégage aussitôt avec un rugissement de rage et de frustration. Il évite Tom et s'éloigne à toute allure.

Les poings serrés, Tom regarde Tagus partir à tra-

vers les marécages, de plus en plus vite. Bientôt, il n'est plus qu'un tout petit point au loin.

— Quelque chose le force à courir comme ça, comprend Elena. Malvel lui a sûrement lancé un sort...

— J'en suis certain ! ajoute

Tom en regardant de nouveau l'horizon.

Il grimpe sur le dos de Tempête et se place devant Elena.

— Tagus se dirigeait vers le village, explique-t-il. Il faut qu'on le suive.

— Je ne comprends pas le plan de Malvel..., répond la jeune fille.

— Le sorcier veut envoyer ses Bêtes à Avantia. Alors il force les Bêtes d'Avantia à venir à Gorgonia : sans elles, le royaume d'Avantia ne sera plus protégé !

Chapitre quatre

Les marécages

Tom encourage Tempête à avancer sur le sol boueux. Le cheval est nerveux, mais il ne recule pas : il contourne des mares couvertes de vase et des buissons de roseaux. Pourtant, ses pattes s’enfoncent peu à peu.

— On est trop lourds pour lui, constate Elena.

— Oui, il faut qu'on descende.

Sans Tom et Elena sur son dos, Tempête progresse plus facilement. Mais les deux amis n'arrêtent pas de trébucher.

Soudain, Elena pousse un cri : elle a de la boue jusqu'aux genoux !

— On met trop de temps ! s'exclame-t-elle. Pendant qu'on est coincés ici, Malvel fait peut-être du mal à Tagus.

Tom l'aide à sortir de la vase. Il sait que la jeune fille a raison, mais ils doivent poursuivre leur route.

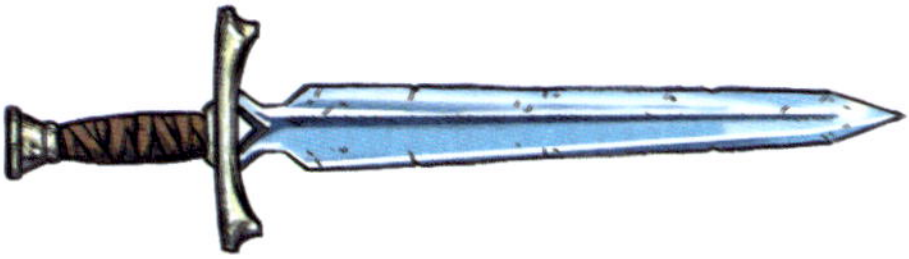

Un peu plus loin, le garçon aperçoit une rangée d'arbres qui borde les marécages.

— On va marcher le long de ces arbres, propose-t-il. Grâce aux racines, la terre doit être plus ferme.

— Bonne idée, répond Elena. On avancera plus vite !

Ils se dirigent vers la rive. Silver, qui court devant eux,

s'arrête brusquement et secoue son pelage.

— Ne fais pas ça ! s'écrie la jeune fille en riant. Tu nous éclabousses !

En approchant des arbres, serrés les uns contre les autres, Tom voit un étroit sentier qui se faufile entre eux. Le garçon remonte en selle.

— Prenons ce chemin, déclare-t-il. Il mène peut-être au village.

— Oui, si on contourne ce marécage, ce sera plus rapide, ajoute Elena en grimpant derrière son ami.

Tom fait claquer sa langue pour demander à Tempête d'avancer. Mais le cheval, tout tremblant, refuse de bouger.

— Allez ! l'encourage Tom en agitant les rênes. On ne peut pas rester ici !

Tempête se met en route à contrecœur. Elena appelle Silver, mais le loup reste immobile.

— Dépêche-toi ! lui lance la jeune fille.

Silver pousse un hurlement avant de les suivre, la

tête et la queue baissées.

Il fait très sombre sous les arbres et ils voient à peine la lueur rouge du ciel. Le chemin est de plus en plus étroit, et Tom a du mal à respirer. Tempête roule des yeux et hennit doucement. Le loup a la langue pendante.

— Silver déteste cet endroit, note Elena. Mais au moins, on est sortis de ces horribles marécages !

Tom est sur le point de lui répondre, quand il sent quelque chose de pointu lui rentrer dans les côtes : une branche ! Il la repousse, mais la branche reprend sa position et le pique encore plus fort !

— Regarde, cet arbre m'en veut ! s'exclame-t-il.

— C'est impossible, réplique Elena. Les arbres ne peuvent pas bouger, il n'y a pas de vent...

Soudain, des craquements résonnent autour d'eux : ils ont l'impression que les arbres étirent leurs branches. On dirait même que l'une d'elles se précipite sur eux...

— Attention ! s'écrie le garçon.

Elena se penche juste à temps pour l'éviter. La branche recule, mais une autre se projette vers eux et effleure la tête de la jeune fille.

— On doit sortir d'ici ! hurle-t-elle. Ces arbres nous attaquent !

Chapitre cinq

La carte de Malvel

Tom enfonce ses talons dans les flancs de Tempête.

— Au galop ! s'exclame-t-il.

Le cheval accélère l'allure. Tom et Elena sont penchés sur la selle, pendant que Silver court derrière eux.

— Dépêche-toi ! hurle le garçon.

À leur passage, les arbres tendent leurs branches vers eux, les griffent et essaient de les faire tomber de cheval.

Soudain, Tom a une idée : il attrape son bouclier, accroché à sa selle, et frotte le fer à cheval magique qui y est incrusté et que Tagus lui a donné. Il va leur permettre d'aller encore plus vite !

Aussitôt, les sabots de Tempête décollent du sol !

Des buissons couverts d'épines se referment

autour d'eux. Tom dégaine son épée. Il ne porte plus les gantelets dorés de l'armure magique, mais il a gardé leur pouvoir : il manie mieux son épée et il réussit à tailler les buissons qui les attaquent.

Bientôt, ils aperçoivent la lisière de la forêt et émergent brusquement des arbres, sous le ciel rouge de Gorgonia.

Le cheval ralentit. Le garçon regarde derrière lui : les branches continuent de fouetter l'air.

— J'ai cru qu'on n'arriverait jamais à sortir de cette forêt déchaînée, déclare-t-il.

— Est-ce que tu vois le village ? demande son amie.

— Non, même avec ma vue perçante. Je crois que nous sommes perdus...

— Pourvu que Malvel n'ait pas capturé Tagus, soupire Elena.

Tom sort sa boussole mais, cette fois, l'aiguille tourne sans s'arrêter.

Tout à coup, ils entendent un sifflement au-dessus de leur tête et un éclair de lumière rouge frappe le sol à côté d'eux. Il y a quelque chose par terre... Elena saute du cheval et va regarder ce que c'est.

— Fais attention ! l'avertit son ami.

La jeune fille tend à Tom l'objet qu'elle vient de trouver : c'est un parchemin. Le garçon le déroule avec prudence.

— Une carte ! s'exclame Elena.

— Oui... c'est celle de Gorgonia ! Je me demande si elle est magique, comme la carte d'Avantia que nous a donnée Aduro.

Tom lève les yeux vers le ciel orageux.

— C'est toi qui nous as envoyé cette carte, Malvel ? lance le garçon. On ne te fait pas confiance !

Un rire cruel, qu'ils connaissent bien, résonne autour d'eux, suivi d'un chuchotement :

— Ma carte vous sera bien utile, vous verrez...

Malvel se met à rire de nouveau, avant que le vent balaie sa voix.

Tom et Elena examinent alors le parchemin.

— Regarde, dit la jeune fille, c'est la Porte qui mène à Avantia. Et ici, la Forêt Impénétrable et les marécages.

— Dans ce cas, le village ne doit plus être très loin… Oh ! On voit même Tagus sur la carte !

Une image s'anime : l'homme-cheval se dresse sur ses pattes arrière.

— Tu crois que c'est un piège ? demande Elena.

— Je ne sais pas. En tout cas, on doit essayer de le délivrer...

— Regarde ! La carte se transforme ! l'interrompt Elena.

En effet, la forêt et les marécages changent lentement de place, une haute paroi rocheuse apparaît, tandis qu'une cascade disparaît...

— Malvel veut qu'on perde tous nos repères, déclare Tom. Pour que notre quête soit encore plus difficile !

— On va y arriver, Tom, l'encourage son amie sur un ton déterminé.

— Tu as raison, allons délivrer Tagus !

Chapitre six

Un village peu accueillant

Tandis que le soleil rouge de Gorgonia se lève, Tom, Elena et leurs compagnons, épuisés par leur long voyage de nuit, arrivent au village.

— On va enfin pouvoir se reposer et manger quelque chose, dit le garçon en bâillant.

— Je n'en suis pas sûre, répond son amie. Cet endroit ne me plaît pas trop... On dirait qu'il est abandonné.

Tom regarde les maisons à moitié en ruine. Les portes et les volets en bois sont tout abîmés et il ne distingue aucun signe de vie derrière les fenêtres.

Ils s'arrêtent un peu plus loin, sur la place du marché. Là, des marchands essaient de vendre leurs produits.

— Pain frais ! Venez acheter du pain frais !

— Allez ! Regardez mes

belles pommes mûres !

Tom et Elena descendent de cheval et s'approchent des étals : les fruits et les légumes sont desséchés ou pourris, et le pain est moisi.

— Quelle horreur, chuchote la jeune fille. Je ne pourrais jamais manger ça.

— Moi non plus, acquiesce Tom.

Les villageois les observent d'un air bizarre. Certains leur lancent même des regards noirs. D'autres se mettent à renifler l'air à leur passage.

— Qu'est-ce qui leur arrive ? s'étonne Elena. On doit sentir mauvais...

Soudain, un homme barbu se cogne contre Tom.

— Excuse... excuse-moi, dit le villageois.

Il se met à tousser et Tom s'apprête à lui donner une petite tape dans le dos, quand l'homme repousse la main du garçon.

— Ne me touche pas ! hurle-t-il. Tu portes la puanteur d'Avantia sur toi !

Les villageois se précipitent sur les quatre amis en

poussant des cris de colère :

— Vous n'avez pas le droit d'être ici !

— Attrapons-les !

Le garçon dégaine son épée et la brandit au-dessus de sa tête.

— Reculez ! ordonne-t-il en faisant signe à Elena de grimper sur Tempête.

La jeune fille saute sur le dos du cheval et Tom s'installe derrière elle, tout en repoussant l'homme barbu qui essaie de l'attaquer.

— Vite ! lance Elena.

Tempête part au galop,

pendant que Silver bondit à côté de lui en aboyant.

Tom regarde par-dessus son épaule : plusieurs marchands les poursuivent. Mais Tempête est plus rapide qu'eux. Bientôt, leurs cris s'évanouissent. Ils ont réussi à s'échapper !

Chapitre sept

Une piste

Un peu plus loin, Elena arrête Tempête. Le sol est couvert de feuilles mortes et une rivière coule lentement au fond d'une vallée.

— Comment est-ce qu'on va retrouver Tagus, maintenant ? demande Tom. On ne peut pas retourner dans ce village !

— Consultons la carte, propose Elena.

Ils descendent du dos de Tempête, et déroulent le parchemin : l'image de l'homme-cheval n'a pas bougé.

— La carte est sûrement fausse, comprend Elena.

— Oui, Malvel a fait exprès de nous attirer dans ce village : il savait que les habitants nous attaqueraient.

— Regarde ! s'exclame son amie. Dans l'herbe... on dirait une piste.

Tom baisse les yeux et remarque des traces rouges

qui se dirigent vers le sommet d'une colline. Silver renifle le sol et gémit doucement. Le garçon comprend que c'est du sang...

Soudain, il sent son bouclier vibrer : le fer à cheval que Tagus lui a donné se met à briller faiblement !

— Oh non ! s'exclame Elena.

— Si..., répond le garçon. Ça doit être le sang de Tagus. Pourvu qu'il soit encore en vie !

Les quatre compagnons commencent à suivre la piste.

— Je vois quelque chose, dit soudain Tom. Sous cet arbre...

Tagus, étendu contre le tronc, gémit de douleur.

— Il est blessé ! s'écrie Elena.

Ils se précipitent vers l'homme-cheval.

— Regarde, Tom, c'est affreux, ajoute la jeune fille en montrant la patte arrière de Tagus.

Elle est prise dans un piège attaché à l'arbre. Du sang coule encore de la plaie.

Tom, furieux, serre les

poings. Elena se penche vers le piège.

— Il y a quelque chose d'écrit… « Torgor ». Qu'est-ce que ça peut vouloir dire ?

— C'est sûrement le nom de la Bête qu'on doit affronter, devine Tom. Pour l'instant, essayons de libérer Tagus. Prête-moi ton châle, Elena.

La jeune fille lui donne son vêtement et Tom l'enroule autour de ses mains avant d'essayer d'écarter les mâchoires du piège. Sans succès. Frustré, le garçon prend alors son épée et frappe la chaîne, mais le métal est trop solide.

— Il n'y a qu'une solution : trouver Torgor et l'obliger à délivrer Tagus ! s'exclame Tom.

Au même moment, Elena

voit Silver qui renifle l'herbe.

— Qu'est-ce que tu as trouvé ? lui demande-t-elle en se penchant.

Sur le sol, il y a des empreintes de pas rouges, qui mènent vers la vallée.

— Torgor a dû marcher dans le sang de Tagus, constate Tom.

— Il faut suivre cette deuxième piste ! s'exclame son amie.

— Oui, mais j'y vais seul, annonce le garçon. Toi, reste auprès de Tagus, avec Silver et Tempête.

Le loup, les yeux levés vers Tom, agite sa queue avec enthousiasme.

— Je crois qu'il a décidé de t'accompagner ! déclare Elena.

Tom prend son bouclier, puis se met en marche, Silver à ses côtés.

Chapitre huit

Face à l'homme-taureau

La piste mène Tom jusqu'à la rivière. Sur la berge, les traces de pas disparaissent. Le loup se met à courir dans tous les sens, à la recherche d'une odeur, en poussant des gémissements mécontents.

— Qu'est-ce qui ne va pas, Silver ? demande le garçon.

Où est-ce que la Bête est passée ?

Tom comprend que Torgor a dû traverser la rivière. Comment est-ce qu'il va le retrouver, maintenant ?

Tout à coup, Silver aboie, comme pour l'avertir. Tom lève les yeux et aperçoit quelque chose qui se précipite sur lui. Il place son bouclier devant lui pour se protéger, juste à temps pour arrêter un tronc d'arbre !

Malgré la puissance que lui a donnée le plastron doré, le garçon trébuche et tombe sur le sol, pendant que le tronc s'écrase dans la boue sur la rive.

Tom se relève aussitôt. Le projectile a été lancé par quelqu'un qui se trouve de l'autre côté de la rivière... Comment est-ce que c'est possible ?

— Tom ! crie Elena.

Le garçon se retourne. La jeune fille, montée sur Tempête au galop, le rejoint.

— J'ai vu ce qui vient d'arriver ! explique-t-elle en sautant du cheval. Si tu dois te battre, je veux être là !

Soudain, la jeune fille écarquille les yeux. Au sommet d'une petite colline, sur l'autre berge de la rivière, elle a aperçu des cornes énormes et recourbées.

— Torgor..., murmure Elena.

Tom voit la Bête apparaître : elle a la tête d'un taureau mais son corps est celui d'un homme, recouvert d'une épaisse fourrure noire. La créature porte une ceinture de cuir et tient une grosse hache à la lame dorée. Une pierre rouge

scintille au bout du manche.

Torgor pousse un hurlement.

Le cœur de Tom se met à battre à toute allure. Il dégaine son épée, pendant que la Bête traverse la rivière. Elle se dirige droit sur eux !

Le garçon sait qu'il possède les pouvoirs de l'armure magique, pourtant, face à un tel monstre, il se sent impuissant.

Mais Tom ne se décourage pas... Il ne va pas abandonner sans combattre !

Chapitre neuf

Les cornes de Torgor

Torgor se met à courir en faisant tournoyer sa hache au-dessus de sa tête.

— Attention ! crie Tom à Elena.

Ils bondissent sur le côté. La Bête lance sa hache, qui s'écrase avec fracas sur le sol. Les deux compagnons perdent l'équilibre et tombent en arrière.

Tom se relève aussitôt et l'attaque avec son épée. Mais la Bête ne semble même pas sentir la lame ! Elle ramasse sa hache et se dirige en courant vers la colline, où Tagus est toujours piégé.

— Il va tuer l'homme-cheval ! s'écrie Elena. Il faut qu'on l'en empêche !

Tom se lance à la poursuite de Torgor.

Celui-ci se tient au-dessus de Tagus, qui le regarde

avec colère. L'homme-taureau lève son arme...

Le garçon lâche son épée et son bouclier, pour s'emparer de la lame de la hache. La Bête pousse un cri furieux et agite son arme. Tom résiste un instant, avant d'être projeté vers le sol.

Il se sent vraiment découragé : il n'a pas assez de forces pour combattre cette créature.

Soudain, il entend un petit rire. À son grand étonnement, Tom voit Kerlo apparaître devant lui.

— Tu es comme ton père, Taladon, déclare le gardien des Portes. Trop têtu pour reconnaître ta défaite...

— Laissez-moi tranquille ! crie le garçon.

De quel droit est-ce que Kerlo critique son père ? Avec détermination, le garçon se relève et ramasse son épée et son bouclier.

Le gardien des Portes lui sourit... avant de disparaître. Tom comprend alors que Kerlo a fait exprès de le provoquer, pour l'encourager à se battre !

Au même moment, il aperçoit Elena au sommet de la colline : la jeune fille tire des flèches sur Torgor, mais elles rebondissent sur sa fourrure.

Tom fait tournoyer son arme au-dessus de sa tête et se précipite vers l'homme-taureau, en essayant de viser ses jambes. D'un simple mouvement de pied, Torgor repousse sa lame.

Pendant ce temps, Tagus lance des coups de sabot en direction de son attaquant, mais il se fatigue très vite.

« Si seulement je pouvais le libérer... » pense Tom.

Soudain, il a une idée. Il bondit entre les deux Bêtes, juste devant la chaîne qui retient Tagus à l'arbre.

L'homme-taureau hurle de rage et abat sa hache vers Tom... Au dernier moment, le garçon saute de côté et la lame dorée de Torgor retombe sur la chaîne, qui se brise d'un coup !

Tagus se redresse et se jette sur Torgor : les deux Bêtes commencent à se battre. Tom est très fier du courage de l'homme-cheval ! Il se précipite pour l'aider et donne de grands coups d'épée dans le dos de l'homme-taureau, pendant que Silver lui mord les pattes.

— Bravo, Tagus ! s'exclame Elena.

Torgor attrape Tagus et le serre contre lui, comme pour l'étouffer. Mais l'homme-cheval, aussi vif que l'éclair, s'empare d'une des cornes de son ennemi et la tord... si fort qu'il l'arrache !

L'homme-taureau pousse un cri de douleur, lâche Tagus et recule en trébuchant.

— J'ai compris ! s'exclame Tom en reprenant espoir. La puissance de Torgor est concentrée dans ses cornes !

Chapitre dix

Le combat final

Tom brandit son épée devant Torgor, mais celui-ci secoue sa tête blessée et repart à l'attaque : il se précipite de nouveau sur Tagus en poussant un hurlement de rage.

— Elena ! l'appelle Tom. Essaie d'attirer l'attention de Torgor !

La jeune fille tire d'autres flèches sur l'homme-taureau, en le visant cette fois au visage. Torgor se retourne brusquement et fixe Elena.

Pendant ce temps, Tom grimpe à l'arbre et se retrouve juste au-dessus de Torgor. Puis, en poussant un cri de guerre, il se jette sur la corne de la Bête et la transperce d'un coup d'épée !

Aussitôt, la pierre précieuse incrustée dans la hache de Torgor se met à étinceler, puis tombe sur le sol.

Tom atterrit près du rubis pour le ramasser.

— Regarde ! s'exclame Elena en désignant Torgor.

Une lumière rouge enveloppe la Bête, et devient aussi dure que de la pierre : l'homme-taureau est enfermé dans une cage rouge !

— Bravo, Tom ! s'écrie la jeune fille. Tu l'as vaincu !

Avec un soupir de soulagement, le garçon s'agenouille

et se rend compte que la ceinture en cuir de la Bête se trouve maintenant autour de sa taille ! Il y a six encoches dans le cuir : Tom place le rubis dans la première.

— Je me demande si ça va m'apporter un autre pouvoir, dit le garçon.

— Est-ce que tu ressens quelque chose ? interroge son amie, curieuse.

Soudain, il entend une voix très faible dans sa tête : il ne comprend pas tout, mais on dirait qu'elle lui dit merci.

Il se tourne vers l'homme-cheval, qui le regarde fixement.

— Je sais ce que Tagus ressent ! s'exclame Tom. Ce rubis m'aide à communiquer avec lui !

— C'est merveilleux ! répond Elena en souriant.

Au même moment, une lumière bleue jaillit devant eux.

— Aduro ! s'écrie Elena.

L'image du bon sorcier est apparue devant l'arbre.

— Félicitations à tous les deux, déclare Aduro. Vous

avez combattu avec courage. Je ne peux pas rester longtemps. Je dois ramener l'homme-cheval à Avantia. Tagus, tu es prêt ?

— Bonne chance, Tagus ! lancent Tom et Elena en chœur.

La lumière bleue enveloppe Aduro et la Bête, et Tom voit apparaître la Porte du Lion. Dès qu'ils la franchissent, le piège tombe de la patte de l'homme-cheval, qui se met à galoper.

Quand la lumière et la Porte disparaissent, Tom et

Elena échangent un regard.

— Je suis contente que Tagus soit rentré à Avantia, dit la jeune fille.

— Moi aussi, répond Tom. Mais nous, on doit rester à Gorgonia.

— Oui, il y a d'autres Bêtes à combattre ! s'exclame son amie. Je me demande à quoi va ressembler la prochaine…

Le garçon regarde son bouclier : la serre d'Epos, l'oiseau-flamme, vibre.

— C'est Epos qu'on va devoir sauver.

Il se retourne et contemple les collines désertes. Quelque part au royaume des Ombres, une autre Bête d'Avantia a besoin de leur aide. Une nouvelle aventure les attend : ils n'ont pas un instant à perdre !

Fin

Plonge-toi dans les aventures de Tom à Avantia !

LE DRAGON DE FEU

LE SERPENT DE MER

LE GÉANT DES MONTAGNES

L'HOMME-CHEVAL

LE MONSTRE DES NEIGES

L'OISEAU-FLAMME

LES DRAGONS JUMEAUX

LES DRAGONS ENNEMIS

LE MONSTRE MARIN

LE SINGE GÉANT

L'ENSORCELEUSE

L'HOMME-SERPENT

LE MAÎTRE DES ARAIGNÉES

LE LION À TROIS TÊTES

Tom et Elena ont vaincu l'homme-taureau, la première des six Bêtes maléfiques de Gorgonia. Le garçon possède désormais de nombreux pouvoirs, ainsi qu'un rubis magique qui lui permet de communiquer avec Tagus. Mais leur mission est loin d'être terminée : Tom et son amie doivent partir à la recherche d'une autre Bête pour sauver Epos, l'oiseau-flamme.

Découvre la suite des aventures
de Tom dans le tome 16
de **Beast Quest** :

LE CHEVAL AILÉ

Les légendes d'Avantia

Découvre les aventures
de Yann dans

Le Masque de la Mort

Yann est un Cavalier. Il a été choisi par Firepos, une des Bêtes légendaires d'Avantia. Alors que le cruel général Gor détruit tout sur son passage pour retrouver le Masque de la Mort, Yann et son oiseau-flamme cherchent les autres Bêtes et leurs Cavaliers. Ensemble, ils doivent déjouer les plans du général et délivrer le royaume du Mal.

Table

Imprimé en Espagne par CAYFOSA (Impresia Ibérica)
Dépôt légal : mars 2011
Achevé d'imprimer: janvier 2013
20.07.2387.7/04– ISBN 978-2-01-202387-1
Loi n°49-956 du 16 juillet 1949
sur les publications destinées à la jeunesse